¡Conocimiento a tope!
a tope!
Iniciadores científicos

El material adecuado para el trabajo

Crystal Sikkens
Traducción de Pablo de la Vega

CRABTREE
PUBLISHING COMPANY
WWW.CRABTREEBOOKS.COM

Objetivos específicos de aprendizaje:

Los lectores:

- Explicarán que los objetos están hechos de materiales que tienen propiedades.
- Entenderán que las propiedades de los materiales los hacen útiles para ciertos trabajos o funciones.
- Identificarán las razones que da un autor para explicar por qué ciertos materiales son adecuados para ciertos trabajos o funciones.

Palabras de uso frecuente (primer grado) el, es, hay, la, nuestro(s), puede(n)(s), son, todos, un, una	**Vocabulario académico** funciones, madera, materiales, metal, objeto, plástico, propiedades, tela, vidrio

Estímulos antes, durante y después de la lectura:

Activa los conocimientos previos y haz predicciones:

Pide a los niños que vean las imágenes de la tapa y la portada. Anímalos a compartir sus respuestas a las siguientes preguntas:

- ¿Qué materiales ven?
- Escojan un material. ¿Cómo se ve? ¿Cómo se siente? ¿Qué palabras usarían para hablar con alguien acerca de él? ¿Para qué sirve?

Durante la lectura:

Después de leer las páginas 18 y 19, pide a los niños que consideren las razones que da la autora para demostrar que el plástico es un buen material para ciertas funciones. Pregunta:

- ¿Por qué el plástico es un buen material para el exterior de un casco? ¿Qué otros materiales tienen los cascos?
- ¿Por qué los objetos para niños son frecuentemente hechos de plástico?

Después de la lectura:

Crea un diagrama en T con las respuestas de los alumnos, o invítalos a crear sus propios diagramas en T. Nombra la columna de la izquierda «objeto» y la de la derecha «propiedades». Encuentra objetos y anótalos en el diagrama. Identifica las propiedades de los materiales de cada objeto. Como extensión, incluye una tercera columna para que los niños anoten por qué el material es adecuado para la función del objeto.

Author: Crystal Sikkens

Series development: Reagan Miller

Editor: Janine Deschenes

Proofreader: Melissa Boyce

STEAM notes for educators: Janine Deschenes

Guided reading leveling: Publishing Solutions Group

Cover and interior design: Samara Parent

Photo research: Crystal Sikkens and Samara Parent

Print coordinator: Katherine Berti

Translation to Spanish: Pablo de la Vega

Edition in Spanish: Base Tres

Photographs:
iStock: nortonrsx: cover (bl); Kraig Scarbinsky: p. 12
All other photographs by Shutterstock

Library and Archives Canada Cataloguing in Publication

Title: El material adecuado para el trabajo / Crystal Sikkens ;
  traducción de Pablo de la Vega.
Other titles: Right material for the job. Spanish
Names: Sikkens, Crystal, author. | Vega, Pablo de la, translator.
Description: Series statement: ¡Conocimiento a tope! Iniciadores
  científicos | Translation of: The right material for the job. |
  Includes index. | Text in Spanish.
Identifiers: Canadiana (print) 20200300113 |
  Canadiana (ebook) 20200300121 |
  ISBN 9780778784050 (hardcover) |
  ISBN 9780778784166 (softcover) |
  ISBN 9781427126535 (HTML)
Subjects: LCSH: Materials—Juvenile literature.
Classification: LCC TA403.2 .S5518 2021 | j620.1/1—dc23

Library of Congress Cataloging-in-Publication Data

Names: Sikkens, Crystal, author. | Vega, Pablo de la, translator.
Title: El material adecuado para el trabajo / Crystal Sikkens ;
  traducción de Pablo de la Vega.
Other titles: Right material for the job. Spanish
Description: New York : Crabtree Publishing Company, 2021. |
  Series: ¡Conocimiento a tope! Iniciadores científicos | Includes index.
Identifiers: LCCN 2020033462 (print) |
  LCCN 2020033463 (ebook) |
  ISBN 9780778784050 (hardcover) |
  ISBN 9780778784166 (paperback) |
  ISBN 9781427126535 (ebook)
Subjects: LCSH: Materials--Mechanical properties--Juvenile literature. |
  Materials science--Juvenile literature.
Classification: LCC TA403.2 .S5518 2021 (print) | LCC TA403.2 (ebook)
  | DDC 620.1/1--dc23

Printed in the U.S.A./102020/CG20200914

Índice

Crabtree Publishing Company
www.crabtreebooks.com   1-800-387-7650

Published in Canada
Crabtree Publishing
616 Welland Ave.
St. Catharines, Ontario
L2M 5V6

Published in the United States
Crabtree Publishing
347 Fifth Ave
Suite 1402-145
New York, NY 10016

Published in the United Kingdom
Crabtree Publishing
Maritime House
Basin Road North, Hove
BN41 1WR

Published in Australia
Crabtree Publishing
Unit 3 – 5 Currumbin Court
Capalaba
QLD 4157

¿Qué es un objeto?

Hay objetos a todo nuestro alrededor. Un objeto es cualquier cosa que puedas ver y tocar. Una mesa es un objeto. Una cuchara es un objeto.

Un columpio es un objeto. Incluso tu ropa es un objeto.

Los objetos están hechos de **materiales**. Hay muchos tipos de materiales. Algunos materiales son: madera, **plástico** y **metal**.

metal

madera

plástico

Hecho de materiales

Los objetos pueden estar hechos de uno o más materiales.

Estas pelotas están hechas de plástico.

Este paraguas está hecho de plástico, metal y **tela**.

tela

metal

plástico

¿Sabías que un mismo objeto puede ser hecho con distintos materiales?

Estas imágenes muestran platos, pero unos están hechos de papel y los otros están hechos de vidrio. ¿Puedes pensar en un tercer material con el que se podrían hacer platos?

Las propiedades de los materiales

Todos los materiales tienen **propiedades**. Las propiedades son usadas para describir el material. Esto significa que nos dicen cómo es el material.

madera

Algunas de las propiedades de la madera son que es dura, fuerte y de color café.

vidrio

Una propiedad del vidrio es que puedes ver a través de él.

hule

Una característica del hule es que es a prueba de agua.
Los materiales a prueba de agua mantienen el agua fuera.

Encontrando las propiedades

Podemos encontrar las propiedades de un material de distintas maneras. Una de ellas es usando nuestros **sentidos**.

Tenemos cinco sentidos. Son el tacto, el gusto, el olfato, la vista y el oído.

vista

oído

olfato

gusto

tacto

10

Nuestro sentido del tacto nos permite saber si un material es suave o áspero. Nuestro sentido de la vista nos ayuda a ver el color del material.

sentido del tacto

sentido de la vista

El material adecuado

La mayoría de los objetos son usados para algunos trabajos o realizan ciertas **funciones**. Los objetos están hechos de materiales con propiedades que les ayudarán a hacer su trabajo como deben.

Una esponja se usa para lavar cosas. Por ello, está hecha de materiales que absorben el agua.

Los salvavidas evitan que nos hundamos en el agua. Están hechos de materiales que flotan.

Los trajes de baño están hechos de materiales que se secan rápido.

Usando telas

La tela es un material con diferentes propiedades. Las telas pueden usarse para hacer ropa.

Hay muchos tipos de telas.

Algunas telas son delgadas y permiten que el aire fluya a través de ellas.

La ropa para el verano está hecha de telas delgadas que nos mantienen frescos.

Diferentes tipos de telas

La ropa de invierno con frecuencia está hecha de telas gruesas y pesadas. Nos mantienen calientes.

Escoger ropa hecha del tipo adecuado de tela nos ayuda a mantenernos seguros en distintos tipos de climas. ¡Sería peligroso vestir con ropa ligera en un clima frío!

Las mochilas están hechas de telas fuertes.
Pueden contener muchos objetos sin desgarrarse.

Objetos de plástico

¿Puedes adivinar qué material
es ligero, pero difícil de romper?
Si dijiste plástico, ¡adivinaste!

El plástico es usado en los cascos para bicicleta para
que puedan **proteger** nuestra cabeza. Es ligero de
usar, pero difícil de romper si nos caemos.

Muchos objetos para niños están hechos de plástico. Son ligeros, por lo que pueden ser transportados fácilmente, y difícilmente se rompen si se caen.

Estos niños juegan con bloques de plástico. Son ligeros y duros. Los niños pueden tomarlos y ensamblarlos. Si se caen, ¡no se rompen!

La elección correcta

Elegir el material adecuado para un objeto es importante. Por ejemplo, las casas deben ser un refugio para la gente. Por eso, están hechas de materiales fuertes, como los ladrillos.

¿Qué pasaría si se usara tela para hacer una mesa?

¿De qué material están hechas las ventanas?
¿Por qué este material es la elección adecuada?

¿Sería buena idea hacer ropa de vidrio? ¿Por qué sí o por qué no?

Palabras nuevas

funciones: sustantivo. Las actividades para las que una cosa fue hecha.

materiales: sustantivo. Las cosas con las que algo está hecho.

metal: sustantivo. Un material sacado de debajo de la tierra.

plástico: sustantivo. Un material hecho por los humanos. Puede tener muchas formas y colores.

propiedades: sustantivo. Una cualidad que se usa para describir algo.

proteger: verbo. Evitar ser heridos.

sentidos: sustantivo. Las maneras como el cuerpo nos ayuda a entender el mundo que nos rodea. Son vista, oído, olfato, gusto, tacto.

tela: sustantivo. Un material hecho con hilos tejidos o cosidos.

Un sustantivo es una persona, lugar o cosa.

Un verbo es una palabra que describe una acción que hace alguien o algo.

Un adjetivo es una palabra que te dice cómo es alguien o algo.

Índice analítico

Sobre la autora

Crystal Sikkens ha estado escribiendo, editando y haciendo investigaciones fotográficas para Crabtree Publishing desde 2001. Ha ayudado en la producción de cientos de títulos de diversos temas. Recientemente escribió dos libros para la popular serie Be An Engineer.

Para explorar y aprender más, ingresa el código de abajo en el sitio de Crabtree Plus.

www.crabtreeplus.com/fullsteamahead

(página en inglés)

Tu código es:
fsa20

Notas de STEAM para educadores

¡Conocimiento a tope! es una serie de alfabetización que ayuda a los lectores a desarrollar su vocabulario, fluidez y comprensión al tiempo que aprenden ideas importantes sobre las materias de STEAM. *El material adecuado para el trabajo* hace uso de ejemplos contundentes que ayudan a los lectores a identificar las razones que un autor da para respaldar sus afirmaciones. La actividad STEAM de abajo ayuda a los lectores a expandir las ideas del libro para el desarrollo de habilidades científicas, de lengua y literatura y de ingeniería.

¿Qué materiales funcionan mejor?

Los niños lograrán:
- Usar los adjetivos aprendidos en el libro para describir las propiedades de los materiales y conectar los adjetivos con la función del material.
- Crear un plan para una estructura con materiales cuyas propiedades sean adecuadas para su propósito.

Materiales
- Hoja de trabajo «Construyendo con materiales».

Guía de estímulos
Después de leer *El material adecuado para el trabajo*, pregunta a los niños:
- ¿Qué son las propiedades? ¿Recuerdan algunos ejemplos de propiedades mencionadas en el libro?
- ¿Por qué son importantes las propiedades de un material? ¿Cómo se relacionan con el trabajo o la función de un objeto? Repasa algunos ejemplos con los niños, como: ¿Por qué las señales de pare son rojas?

Actividades de estímulo
Pide a los niños que hagan una «caza de materiales» en el aula y compartan los materiales que encuentren. Pídeles que describan las propiedades de los materiales. Haz referencia a las propiedades mencionadas en el libro, como:
- Duro, fuerte, transparente, a prueba de agua, de un cierto color, absorbe el agua, flota, delgado, ligero, grueso, pesado, difícil de romper, se seca rápido.

Di a los niños que deberán crear una estructura que use materiales con las propiedades adecuadas. Da a los niños opciones para su estructura, o haz que todos creen la misma. Por ejemplo, pueden hacer una casita para perros con materiales fuertes por fuera, y suaves y cálidos por dentro.

Entrega a los niños una hoja de trabajo «Construyendo con materiales». Pídeles que dibujen un modelo de su estructura y planeen qué materiales usarán. Deberán usar las palabras aprendidas para describir sus materiales, y usar los modelos de oraciones para explicar por qué eligieron esos materiales. Hablen de las respuestas en la clase, todos juntos.

Extensiones
Pide a los niños que construyan estructuras simples con materiales adecuados para su propósito. Por ejemplo, pídeles que hagan una pared de cierta altura o una herramienta que les ayude a mantener su pupitre limpio. Dales materiales simples y tiempo para que planeen. Habla con ellos acerca de por qué los materiales escogidos funcionan bien.

Para ver y descargar las hojas de trabajo, visita **www.crabtreebooks.com/resources/printables** o **www.crabtreeplus.com/fullsteamahead** (páginas en inglés) e ingresa el código **fsa20**.